30 Minutos
... Para diseñar un
proyecto

Director de Colección:
Ernesto Gore

Edición Original:
Kogan Page Limited

Título Original:
30 Minutes... To Plan a Project

Traducción:
Gabriel Zadunaisky

Diseño de tapa y maquetación de interiores:
Más Gráfica / Grupo

Trevor Young

30 Minutos
... Para diseñar un
proyecto

GRANICA

BARCELONA - BUENOS AIRES - MÉXICO

© 1997 Trevor Young / Kogan Page Limited
© 1999 EDICIONES GRANICA, S. A.

Balmes, 351, 1.º 2.ª - 08006 BARCELONA
Tel.: 34 93 211 21 12 - Fax: 34 93 418 46 53
E-mail: barcelona@granica.com

Lavalle 1634, 3.º - 1048 BUENOS AIRES
Tel.: 5411 4374 1456 - Fax: 5411 4373 0669
E-mail: buenosaires@granica.com

Bradley, 52, 1.º
Col. Anzures - 11590 MÉXICO D.F.
Tel: 52 5 254 4014 / Fax: 52 5 254 5997
E-mail: mexico@granica.com

http://www.granica.com

ISBN: 84-7577-405-9
Depósito legal: B-15.860-99

Impreso en BIGSA
Sant Adrià del Besós (Barcelona - España)

ÍNDICE

INTRODUCCIÓN

¿Se puede planificar un proyecto en treinta minutos? Aunque sea pequeño y no incluya a nadie más que usted, necesita más tiempo. Planificar tiene que ver con organizar el futuro, por lo menos el inmediato, y asegurarse de que todos los participantes entiendan cuál es su papel y lo que deben hacer para tener éxito. La planificación es una manera conveniente de expresar cuál es el trabajo y quién, cuándo y dónde se realizará.

¿Qué necesita de este libro? Desconozco sus expectativas personales y no tengo manera de explorarlas para asegurarme de cuál contenido está buscando. Dada esta limitación inevitable, he intentado ofrecerle un libro que:

- sea de fácil lectura;
- le dé una breve orientación en relación con los principios esenciales;
- le presente siete pasos simples a seguir;
- le permita planificar su próximo proyecto con confianza y mayor efectividad.

Hoy en día en el trabajo estamos rodeados de expertos en todo y esto es particularmente válido cuando se habla de planificación. ¿Ha notado que todos se consideran buenos planificadores? Cuando haya leído este libro podrá evaluar quién sabe realmente planificar un proyecto con eficacia y aceptará aprender más de esa persona, beneficiándose de su experiencia. Aproveche todas las oportunidades para obtener orientación y guía de tales expertos. El conocimiento práctico que tienen es algo invalorable y generalmente no es reconocido por sus colegas ni la organización.

El procedimiento de planificación está diseñado para ser usado con su equipo de proyecto. Hay frecuentes oportunidades para proyectos pequeños de una sola persona y las técnicas que se describen aquí son válidas para ello y lo ayudarán a lograr el éxito. Si usted es el "equipo", aproveche todas las oportunidades de obtener consejos de colegas con experiencia cuando no esté seguro del contenido del trabajo. Busque definir sus tareas con cuidado y siga el plan.

Es muy fácil dejarse dominar por la urgencia y lanzarse al trabajo sin planificación. ¡Así usted demuestra visiblemente que está haciendo cosas! ¿Pero son las cosas indicadas? ¿Las hace en el orden correcto? No puede estar seguro hasta que descubre lo que no ha hecho o los supuestos equivocados de los que ha partido.

Entonces tiene que volver a hacer las cosas, lo que requiere mucho tiempo y esfuerzo.

Piense en planificar como una inversión que le ahorra tiempo.

Los procedimientos que se describen aquí paso a paso se basan en la experiencia práctica. Mi intención es aportar una breve orientación para permitirle planificar el próximo proyecto de forma efectiva con éxito. El proceso es relativamente simple, pero nunca es fácil y exige intensa dedicación, decisión y el deseo de tener éxito. Planificar es un trabajo duro, variado, a veces frustrante. Pero es muy satisfactorio verlo funcionar finalmente y siempre resulta una inmensa experiencia de aprendizaje. Le deseo la mayor de las suertes con todos sus esfuerzos futuros.

Trevor L. Young
Julio de 1997

EL PROCESO DE PLANIFICACIÓN

La planificación de proyectos es un proceso lógico para asegurar que pueda realizarse el trabajo de un modo organizado y estructurado, reduciendo al mínimo los riesgos y la incertidumbre, estableciendo estándares claros de calidad y desempeño, asegurando los resultados con el mínimo de tiempo y coste.

La planificación es un proceso dinámico, siempre sujeto a revisión y mejora a medida que se avanza en las tareas. Los problemas que surjan deben resolverse con rapidez y se deben implementar acciones para cumplir con metas y plazos. La planificación sólo se detiene realmente cuando llega el día en que uno puede gritar con toda seguridad: "Terminado" y el cliente queda satisfecho.

¿Quiénes tienen que participar?

Un plan de proyecto es una colección de ideas y conocimientos que han sido organizados en paquetes de trabajo. ¿Tiene todos los conocimientos, las infinitas ideas y la amplia experiencia necesarios? ¿Hará todo el trabajo sin involucrar a nadie más en ninguna fase del proyecto? ¡Tal método es algo inusual! En la práctica, su habilidad está en obtener ideas y conocimientos de la mayor cantidad de gente posible. Esto no significa que debe consultar a toda la organización, pero es potencialmente peligroso que el proyecto no incorpore las capacidades reales de gente que puede hacer un aporte significativo al éxito.

Si seis personas planificaran el mismo proyecto de forma independiente, los resultados mostrarían diferencias importantes. Si reúne a seis personas y elabora un plan por consenso en el que todos estén de acuerdo, el resultado tendrá mayores posibilidades de éxito. Planificar es una actividad colectiva, así que invite al equipo de proyecto (si tiene uno) y a otra gente que tenga capacidades relevantes a participar de ella. Si no tiene un equipo, convoque a otra gente. Su experiencia puede ahorrarle mucho tiempo más adelante. El beneficio del trabajo en equipo en la planificación de proyectos es la claridad de objetivos, la comprensión y aceptación de todos. Esto genera compromiso y el deseo de triunfar. Recuerde que nadie quiere estar asociado con el fracaso.

El procedimiento

El procedimiento de planificación que usaremos consta de siete pasos o bloques de actividad:

- revisar la definición del proyecto;
- determinar la lógica del proyecto;
- preparar el cronograma inicial del proyecto;
- analizar recursos y costes;
- optimizar y responder a las necesidades del cliente;
- confrontar y aprobar el plan;
- lanzar el proyecto.

La jerga

En la planificación de proyectos se usa una colección de términos que pueden ser poco familiares. A continuación se enumeran los que más usaremos:

- *tarea*: una parte del trabajo realizada por una persona;
- *actividad*: un paquete de trabajo que comprende varias tareas, realizadas por una o más personas;
- *etapa clave*: una actividad especial que muchas veces es un conjunto de actividades;
- *dependencia*: el vínculo lógico entre actividades, por el cual todos los aportes a una de ellas dependen directamente de los productos de otra;
- *diagrama lógico*: la presentación gráfica de todas las etapas clave del proyecto que muestra sus vínculos de dependencia;
- *recurso*: la persona individual que tiene la responsabilidad de asegurar que un trabajo se cumpla a tiempo;
- *Estructura de desglose del trabajo*: una presentación gráfica de todo el trabajo del proyecto, que muestra las listas de tareas para cada etapa clave;

❱ *auspiciante*: el individuo al que se rinden cuentas como jefe del proyecto, generalmente un jefe de alto rango, que tiene la responsabilidad del éxito;

❱ *interesado*: cualquier individuo que tiene un interés en el resultado del proyecto: el cliente, otros jefes, el departamento de finanzas, contratistas, proveedores, usuarios finales, etc.

Se definirán otros términos a medida que avancemos en el procedimiento.

Primer paso

REVISAR LA DEFINICIÓN DEL PROYECTO

Siempre es necesario validar la definición del proyecto antes de empezar a planificar lo que hay que hacer. El procedimiento de definición debe haber establecido claramente por qué es necesario el proyecto ahora y qué resultados se esperan. Todos los involucrados en la planificación deben entender esta definición antes de que se les pueda pedir realmente que contribuyan a determinar un plan. Los elementos esenciales de la definición son los que siguen.

Una declaración de la necesidad o la oportunidad

Una afirmación concisa de por qué se requiere el proyecto en este momento (posiblemente para responder a un problema particular o aprovechar una oportunidad que se le presenta a la organización). Esto es lo que justifica el proyecto y aporta las razones esenciales de su elaboración.

Una definición del objetivo general del proyecto

Es conveniente para comunicar a todos lo que desea lograr en un sentido amplio. Generalmente incluye tiempos y plazos. Tales definiciones preferentemente deben ser concisas y transmitir claridad de objetivos.

> *El objetivo es establecer, para enero del 2000, una nueva estrategia de marketing con planes de implementación integrados de las divisiones operativas para el período 2000-2002.*

Una lista de condicionantes y supuestos

Cuando comienza un proyecto, con frecuencia es necesario hacer supuestos, posiblemente en relación al dinero, gente disponible, tecnología y capacidades requeridas, necesidades de espacio o equipo, etcétera. Se suele olvidar los supuestos fácilmente al avanzar el proyecto, hasta que aparece un problema. Entonces alguien los recuerda: ¡demasiado tarde! Se debe llevar registro de todos los supuestos, ya que a menudo se convierten posteriormente en cuestiones que deben resolverse. Del mismo modo, pocos proyectos pueden darse el lujo de no tener condicionantes. Siempre hay algunas restricciones para el proyecto hasta el momento de su terminación y éstas generalmente están asociadas con:

- gente: los *recursos* y sus capacidades para el trabajo;
- dinero: el capital e ingresos disponibles;
- tiempo: los objetivos tienen un plazo que usted debe cumplir.

Defina una *Fecha Crítica para el Negocio,* en la que deben estar disponibles los resultados; cualquier incumplimiento es un obstáculo para el desempeño de la organización.

Una lista de aportes y beneficios

En sus reuniones con los interesados en el proyecto, usted habrá identificado sus necesidades y lo que esperan obtener de sus esfuerzos futuros. Responder a esas expectativas nunca es fácil, dado que hay objetivos ocultos que no siempre se dan a conocer al inicio. Su obligación es asegurarse de que ha comprendido –y puede responder– a tales necesidades en la mayor medida posible, dentro del plazo definido.

Estos requerimientos se presentan como:

▶ *entregas*: los resultados tangibles y mensurables que se deben alcanzar, tanto parciales como al momento de completar el proyecto;
▶ *beneficios*: los beneficios mensurables para el cliente o su organización, que generalmente se miden en términos financieros: rendimiento en el tiempo, ingresos, contribuciones o ahorro de costes.

Las entregas y beneficios deben cumplir cinco condiciones; tienen que ser:

▶ *específicos*: descritos y definidos claramente;
▶ *mensurables*: evaluables en cifras;
▶ *alcanzables*: concretables con las capacidades disponibles en la situación actual;
▶ *realistas*: alcanzables con los conocimientos actuales y exentos de inmensos riesgos e imponderables;
▶ *emplazables*: con una fecha de cumplimiento basada en las necesidades reales y conocidas.

Un presupuesto de proyecto

El coste del proyecto se puede establecer al comienzo de la fase de definición. Puede basarse en proyectos similares anteriores o sólo inspirarse en intuiciones y supuestos. Los costes generalmente se dividen en capital e ingresos. El primero está sujeto a la política y los procedimientos de la organización que pueden tardar en completarse. Los costes de ingresos a menudo se ignoran y se absorben como parte de los costes operativos generales. Se deben medir los costes de recursos para un buen control de proyecto, ya que esto permite un análisis de costes-beneficios más amplio. Sin estos datos, el coste real del proyecto permanece oculto, por lo que nunca se conoce con precisión el verdadero beneficio obtenido de la inversión de tiempo de trabajo. El verdadero presupuesto sólo se puede establecer con precisión una vez determinados los planes y calculados completamente sus costes.

Un análisis de los riesgos

¡Todos los proyectos llevan la pesada carga de los riesgos! No puede darse el lujo de ignorarlos, dado que todo problema inesperado que surge durante el desarrollo de un proyecto proviene de un riesgo que no ha sido identificado y que usted debió haber anticipado. Los riesgos pueden ser de tres tipos:

- de negocios: impactan en la actual actividad empresaria o el desempeño futuro;
- de proyecto: asociados con la parte "técnica" del proyecto, es decir, la tecnología, el desempeño del equipo, etcétera;
- de procedimiento: asociados con los procesos y métodos que emplea para completar el proyecto a tiempo.

Debe examinar cada uno con su equipo e identificar los mayores riesgos, los que puedan tener un impacto serio y una alta probabilidad de concretarse. Tales riesgos deben estar sujetos a planes de acción contingentes o incluso a acciones preventivas ahora, antes de empezar a planificar. Lleve registro de tales riesgos para su continua revisión y actualización. Recuerde regularmente al equipo del proyecto anticipar éstos y nuevos riesgos que puedan surgir.

La estrategia y las capacidades requeridas para el proyecto

Ahora debe establecer una estrategia para el proyecto. ¿Tiene más de una opción para alcanzar su objetivo? ¿Necesita conjuntos diferentes de capacidades para estas opciones?

Asegúrese de que usted y su equipo entienden la estrategia acordada y consideran que sigue siendo un enfoque válido. Convalide decisiones anteriores de recurrir a subcontratistas para distintas partes del trabajo o el uso de equipo o tecnología disponible que ya ha sido utilizado. Confirme las nuevas capacidades o especialidades que se requieran para el proyecto que no estén disponibles actualmente en la organización y determine qué acciones se deben implementar para corregir esta situación.

Revise la documentación de la definición

Reuniendo a su auspiciante con el equipo, revise todos estos elementos y la información registrada. Confirme que todos entienden esta definición, que es la base de la planificación. Una base débil llevará a una planificación pobre y reducirá significativamente sus posibilidades de éxito. Si hay dudas o preocupaciones en relación con cualquier aspecto de la definición, entonces debe volver a aclarar y validar estos elementos con los principales interesados. Esto no quiere decir que no puede cambiar cualquier cosa más adelante; simplemente asegura que los cambios en los requerimientos del proyecto pueden tenerse bajo control. Es esencial que usted se asegure de que todos parten de la misma posición (es decir, claridad de entendimiento y consenso) cuando comienza la planificación.

Segundo paso

DEFINIR LA LÓGICA DEL PROYECTO

Pocos proyectos se dan el lujo de llegar a completarse sin cambios en la definición. La gente tiene el hábito de cambiar de idea por:

- creatividad: generación de nuevas ideas;
- memoria: incorporación al cuadro de datos olvidados;
- el medio: cambia la situación en la organización;
- el mercado: cambian las influencias externas.

Dado que sus esfuerzos se extienden durante un determinado período, el proyecto es sensible a todas estas influencias. Usted debe tener una actitud flexible para incorporar estas variaciones. Esto no significa que todas las enmiendas serán factibles o aceptables, pero no se pueden ignorar las peticiones. Cada uno debe examinarse en relación con el logro del éxito y la satisfacción del cliente y otros interesados.
Planificar es, por tanto, un proceso continuo a lo largo de la

vida del proyecto y sólo termina cuando todos los resultados se entregan al cliente y son aceptados por él.

La reunión de planificación

Fije su primera reunión de planificación de modo que todos tengan tiempo de pensar en sus aportaciones. Decida a quiénes tiene que invitar además de su equipo básico. Verifique que todos estén disponibles y puedan participar, e infórmeles de:

- el objetivo de la reunión;
- la hora de iniciación y a la que espera terminar;
- los resultados que espera de la reunión.

Pida a los participantes que piensen qué les parece que habrá que hacer en la realización del proyecto. Solicite a su auspiciante que participe y abra la reunión, centrándose particularmente en:

- los motivos del proyecto;
- por qué es importante ahora;
- su prioridad en relación con otras tareas y proyectos;
- la ubicación en el contexto del actual plan y estrategia de negocios;
- la preocupación por el éxito;
- los beneficios.

Después de la introducción puede enumerar los objetivos primarios, en particular para beneficio de la gente extra que ha invitado a sumarse a la reunión de planificación. Enumere los principales resultados a obtener en una pizarra visible, como recordatorio para todos.

Empiece el proceso de planificación haciendo *brainstorming* con las actividades a realizar. Haga la pregunta:

¿Qué tenemos que hacer para alcanzar estos resultados?

Recuerde a todos las reglas del *brainstorming*:

▶ designar alguien que anote;
▶ hablar uno a la vez, por favor;
▶ no juzgar; nada de comentarios críticos;
▶ prohibir toda discusión o debate.

Escriba todo en la pizarra o en hojas de papel, incluso las repeticiones.

El objetivo en esta fase es la cantidad, no la calidad. No se preocupe de:

▶ *los plazos:* cuánto llevará cada actividad;
▶ *los recursos:* quién hará el trabajo;
▶ *la política:* si algo está o no permitido.

Después de una o dos horas tendrá una lista formidable de actividades, algunas de las cuales pueden ser irrelevantes. Cuando el equipo parezca haber llegado al punto de no poder generar más ideas, concluya el *brainstorming* y permita que todos revisen las listas producidas. Agregue o quite actividades al aparecer nuevas ideas y pensamientos.

En este punto, a menudo resulta difícil ver cómo puede organizar una larga lista de actividades y priorizarlas para el plan. Para ayudar el proceso es necesario reducir la lista y lo podemos hacer agrupando. El objetivo es juntar tareas relacionadas entre sí. Esto a menudo se basa en las funciones y departamentos involucrados. Apunte a reducir su lista a un máximo de cien puntos, pero preferentemente no menos de treinta. Esta lista incluye las etapas clave del proyecto. Debido a que usted la ha reducido a proporciones adecuadas, se vuelve más fácil priorizar las actividades.

El proceso de ordenamiento de tareas

Emplee el principio esencial de la *dependencia* para determinar el orden o secuencia del trabajo. Esto se basa en hacer preguntas:

¿Qué debemos hacer primero?

¿Qué podemos hacer ahora utilizando los resultados de las primeras actividades?

Continuamos este proceso preguntando cómo podemos hacer para aplicar los productos de una actividad como recursos para la siguiente o siguientes. Al final, se habrán usado todas las actividades, lo que nos dará la *lógica del proyecto*.

1. Una manera conveniente y eficaz de llevar adelante este procedimiento es escribir cada actividad de las etapas clave en una hoja grande de papel y desarrollar la lógica como un diagrama colocado en la pared de la sala de reunión.

2. Marque el lado izquierdo con una gran "I" para el inicio del proyecto y en el lado derecho una gran "F" para el final del mismo.

3. Ponga las notas con las etapas clave iniciales junto al punto de inicio. Entonces, formulando las preguntas indicadas más arriba, identifique las siguientes etapas clave usando las ideas surgidas a partir de las notas iniciales. Ponga éstas a la derecha del primer conjunto.

4. Continúe el proceso, ubicando las notas en el orden lógico del trabajo; avance por el papel –de izquierda a derecha– hacia el punto de finalización.

5. Continúe hasta que se hayan usado todas las notas y llegado al punto de finalización.

6. Con su equipo revise la lógica y evalúe la ubicación de cada nota de la secuencia.

7. Cuando esté satisfecho y todos estén de acuerdo con la lógica, conecte las notas con flechas para mostrar el flujo y la relación de dependencia (siempre use lápiz).

8. VERIFIQUE que cada nota tenga una flecha que se dirige hacia ella desde la izquierda como ingreso, y una flecha del lado derecho como salida.

9. CONVALIDE la lógica yendo del final hacia atrás, y pregunte: *"¿Qué debe hacerse al final?"* y luego *"¿Qué debe hacerse antes de esto?"* repetidamente hasta llegar al punto de inicio.

Ahora ha definido el *diagrama lógico* del proyecto, que es la base de su plan. Este diagrama representa todo el trabajo que se debe hacer. Dado que se determina sintetizando muchas tareas en cada etapa clave, en este momento muchas de ellas no están a la vista. Este proceso de síntesis aumenta la precisión, aunque aún puede ser necesario expandir el diagrama dividiendo o agregando nuevas etapas clave.

La Estructura de Desglose de Tareas (EDT)

El diagrama de lógica conforma el nivel más alto de un desglose jerárquico de todo el trabajo del proyecto, como se muestra más abajo. Este diagrama no incluye normalmente los vínculos de dependencia. Cada etapa clave del Nivel 1 se puede expandir para mostrar la lista de actividades y tareas incluidas en los niveles más bajos. Según el tamaño del proyecto, puede desglosarlo para mostrar todos los detalles y listas de tareas en cada nivel o *capa* del plan.

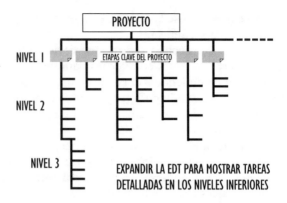

NIVEL I   ETAPAS CLAVE DEL PROYECTO

NIVEL 2

NIVEL 3   EXPANDIR LA EDT PARA MOSTRAR TAREAS
DETALLADAS EN LOS NIVELES INFERIORES

Puede utilizar el concepto de desglose de las tareas para derivar el diagrama lógico de todas las tareas dentro de cualquier etapa clave. Eventualmente puede usar la EDT para asignar la responsabilidad de las tareas individuales, agregar plazos y luego usar las listas para controlar los avances.

Otros métodos útiles

Cuando trabaja con un equipo, el *brainstorming* es una manera valiosa de utilizar la experiencia y las capacidades de sus miembros para identificar actividades. Si trabaja solo en un proyecto, hay otros métodos. Puede usar algunas herramientas para la solución de problemas y herramientas de *brainstorming* estructurado, como mapas mentales y diagramas, que lo ayudarán a elaborar una lista de actividades a partir de las cuales se definen las etapas clave.

El diagrama qué-qué

Esta técnica muchas veces es útil para planificación de segundo y tercer nivel de la EDT. Tome una hoja grande de papel y en el lado izquierdo escriba, en un recuadro, alguna de las entregas a concretar. Luego haga la pregunta:

¿Qué tengo que hacer para lograr esto?

Haga una lista de las actividades requeridas a la derecha del recuadro inicial. Cuando piense que ya identificó todas las actividades iniciales clave (potencialmente las etapas clave del proyecto), repita la pregunta para cada una de ellas de modo que se genere un segundo nivel de actividades a realizar. Agregue estas actividades a su diagrama. Si es apropiado puede hacer la pregunta "Qué" tres o más veces para generar aún más detalle. A menudo tres veces bastan para definir los detalles hasta el nivel de las tareas.

Esto es efectivamente su EDT sin las dependencias. Y los datos generados pueden usarse entonces para determinar el diagrama lógico.

Si ha generado con el equipo una lista de actividades y etapas clave de su proyecto, puede alentar a su gente a usar esta técnica para desarrollar los detalles de cada etapa.

¿Tiene problemas?

El diagrama "qué-qué" puede usarse en forma muy efectiva para resolver problemas. En el recuadro inicial reemplace la entrega por los efectos del problema y en lugar de preguntar "Qué", pregunte:

¿Por qué sucede esto?

Ahora escriba la lista primaria de causas a la derecha del recuadro, igual que antes, y repita la pregunta para cada causa
primaria que haya identificado. Se puede repetir el procedimiento de preguntar "Por qué" tantas veces como sea necesario para generar una lista de causas y subcausas. Luego, por el
proceso de eliminar las causas menos probables, le quedará
una lista de las *causas más probables* del problema. Entonces
puede empezar a buscar una solución de modo más efectivo,
encontrando maneras de erradicar las causas que ha identificado.

Acerca de las plantillas

Es valioso y ahorra tiempo elaborar plantillas para algunos
proyectos. Una plantilla es un plan genérico para proyectos
similares, tales como el desarrollo de nuevos productos, que se
usa repetidamente.

Su lógica puede convertirse en una plantilla de este tipo una
vez que ha sido probada y se ha demostrado que se ajusta a las
necesidades y tiene grandes probabilidades de éxito. Es preferible no incorporar a las plantillas los datos de recursos y plazos, ya que esto puede variar de un proyecto a otro. Guarde
por separado sus registros de estimaciones y datos sobre el pa-
sado.

> **ADVERTENCIA:** una plantilla ahorra tiempo sólo si se la convalida cuidadosa-
> mente antes de su uso para asegurarse de que no falta nada o para identificar
> actividades que no son requeridas en esta ocasión.

Tercer paso

PREPARAR EL CRONOGRAMA DEL PROYECTO

Un cronograma es un plan para el que se han fijado todos los plazos del trabajo y éstos han sido aceptados por el cliente. El cronograma se basa en el diagrama lógico, al que se le agregan los plazos y recursos reales (la gente que hará el trabajo, identificada y comprometida). También será la base para el presupuesto definitivo, de modo que pueda haber un control preciso de los costes. Para elaborarlo tenemos que seguir algunos pasos esenciales.

La asignación de responsabilidades

Cuando el equipo haya acordado, sobre la base de la información disponible que el diagrama lógico es correcto, puede asignar las responsabilidades individuales. Cada etapa clave debe tener un "dueño" que se haga cargo de que el trabajo se cumpla, ya sea que lo realice él mismo u otros.

Cuando asigne responsabilidades asegúrese de que el individuo elegido:

◗ tiene las capacidades, experiencia y conocimientos requeridos;
◗ tiene tiempo suficiente para hacer el trabajo;
◗ tiene el apoyo y el compromiso de su jefe directo;
◗ está familiarizado con el uso de técnicas de planificación;
◗ entiende lo que se espera de él;
◗ acepta la responsabilidad.

Esto generalmente significa que cada miembro del equipo será responsable de más de una etapa clave.

> *Lleve el registro de todas las responsabilidades asignadas e informe al equipo y a los interesados. Siempre tenga este registro actualizado.*

Entonces pida a cada responsable que:

◗ identifique todas las tareas de sus etapas clave;
◗ estime plazos de cada tarea para definir el tiempo que llevará completar cada etapa clave: la *duración*.

Analice por dentro cada etapa clave

Algunos de los detalles de tareas en cada etapa clave habrán sido identificados durante el *brainstorming* inicial. Ahora se debe revisar esta lista y hacerla validar por un experto, agregando más tareas –si es apropiado– o eliminando las que no se requieran. Las tareas olvidadas anteriormente pueden registrarse junto con tareas específicas necesarias para evitar o minimizar los riesgos. Aliente a los responsables a que traten de ordenar la lista en la secuencia correcta, creando un diagrama lógico para cada etapa clave.

Esto genera una serie de pequeños diagramas lógicos como derivados del diagrama lógico general.

¿Cuánto tiempo ocupan las etapas clave?

Los encargados de las etapas clave deben usar sus conocimientos para generar estimaciones realistas del tiempo que llevará cada tarea y definir el plazo total para cada etapa.

Asegúrese de que todos usen las mismas unidades y parámetros cuando estiman la duración.

Por más cuidado que se haya puesto en la planificación, siempre hay riesgos e imponderables que pueden afectar lo que nos proponemos hacer. Hay muchos motivos por los que salen mal los planes:

▶ una mala comprensión de los requerimientos del proyecto;
▶ actividades y tareas que se identifican a posteriori;
▶ cambios que resultan de objetivos modificados;
▶ estimaciones demasiado optimistas;
▶ supuestos no controlados y validados;
▶ cuestiones no resueltas, que aún aguardan decisiones de la conducción;
▶ pronósticos erróneos;
▶ capacidades faltantes y bajo nivel de confianza;
▶ incomprensión de la complejidad o la dificultad del trabajo.

Todo esto influye en la estimación de los plazos, a la que a menudo se culpa por los consiguientes fallos. El plazo general es siempre el aspecto más vulnerable de cualquier proyecto, porque es lo primero que se altera cuando algo sale mal. Quizás esto se deba a un esfuerzo insuficiente por lograr estimaciones iniciales precisas y la falta de revisión y validación continua.

Una mirada más atenta a las estimaciones

Las estimaciones provienen de tres fuentes.

1. *Datos históricos registrados:* el archivo de proyectos anteriores cuyos datos se analizan para identificar tendencias y establecer parámetros o normas para otros trabajos.
2. *La experiencia pasada:* usted y sus encargados de etapas clave tienen mucha experiencia de proyectos previos. ¿Pueden recordar los detalles o encontrarlos ahora?
3. *El "experto":* un consultor o fuentes seguras y probadas de datos precisos.

Es probable que no disponga de -1-, al menos formalmente, aunque puede tener algunos archivos de proyectos anteriores como referencia. Muchos de éstos son electrónicos, no copias impresas; de modo que tener acceso a los datos algún tiempo después puede no ser fácil. ¿Es posible -3-? Si su proyecto implica trabajo creativo no hay verdaderos expertos aunque puede estar rodeado de muchos aficionados.

Así que le queda la experiencia y el juicio suyos y de sus encargados de etapas clave. Aliéntelos a:

- hablar con otra gente acerca del tiempo que llevan las tareas para deducir las estimaciones de una gama de opiniones;
- ser realistas en cuanto a los plazos, en particular cuando se trata de trabajos complejos;
- no agregar contingencias como "margen de seguridad";
- identificar claramente tareas que requieran más de una persona;
- decidir cuánta gente se requiere para las tareas de "múltiples recursos" (esto tiene que ser provisional dado que aún no está seguro de si la gente va a estar disponible).

NOTA: los planes contingentes son para las cosas inesperadas y las tareas olvidadas. ¡NO son para tener márgenes de seguridad que cubran las estimaciones erróneas!

La decisión de identificar una tarea como de recursos múltiples se basa en las necesidades del tipo de trabajo, NO en el deseo de hacer las cosas más rápido. Agregar más recursos a una tarea no garantiza que se reduzca el tiempo de realización.

Entonces, ¿qué o quién falla?

Todos. Alguna gente no quiere trabajar en su proyecto y se lo dice enfáticamente. Otros se entusiasmarán con la oportunidad e inmediatamente dirán "Sí, fenomenal". ¿Sabe si en realidad disponen de tiempo para hacer el trabajo? La cuestión que puede llevar a mucho conflicto en un proyecto es el *problema de la capacidad*. Por supuesto que si tiene un equipo comprometido con su proyecto esto no es un problema tan serio. Todo el tiempo del equipo –su capacidad de hacer el trabajo– está a su disposición.

¡Cuidado con los pirómanos!

Siempre andan por ahí, encendiendo el fuego de la crisis y exigiendo el regreso temporal de uno o más de los miembros de su equipo para "resolver este problema urgente". "Sólo llevará una mañana." ¡Y dos días más tarde su gente aún no ha vuelto al trabajo en el proyecto!

Sí, es probable que siempre aparezcan problemas y su equipo sea una fuente obvia de gente disponible para enfrentar dificultades y para resolver conflictos repentinos. Así que esté preparado para perder de vez en cuando a alguno de sus integrantes. Va a suceder, y es particularmente frustrante en la fase de planificación. Usted trata de tener al grupo reunido en todo momento para asegurarse de que hay consenso, aceptación y compromiso y para crear un buen trabajo conjunto. A menudo lo urgente domina sobre lo importante. Trate de mantener a todos concentrados en el proyecto e involucre al auspiciante regularmente. Recuerde que esta persona quiere resultados y debe darle apoyo.

El problema de la capacidad

La capacidad es el tiempo que cada uno tiene disponible todos los días para el trabajo en el proyecto. Si su equipo es *part-time*, cuyos integrantes desempeñan otras tareas, tales como operaciones cotidianas para mantener en funcionamiento a la organización, las cuestiones de capacidad generalmente llevan a conflictos. El trabajo en el proyecto es una carga adicional y muchos no tienen horas disponibles como para responder a ella.

Pregúntese qué hace en un día (o una semana). Distribuya el tiempo en:

1. Tareas operativas: asociadas con hacer que continúe el trabajo, resolver problemas con los clientes, sostener la mejora continua y la competitividad de la organización.
2. Combatir incendios: reaccionar frente a problemas "urgentes" de la producción. Funciones de servicio o requisitos de los clientes muchas veces a expensas de lo realmente importante.
3. Dedicación al proyecto.

¿Este patrón indica que hay capacidad real para llevar adelante el trabajo del proyecto? Debe cuestionar a cualquiera que tenga poca capacidad para el trabajo, pero acepte la responsabilidad. Las personas pueden estar entusiasmadas por trabajar con usted y responder que "sí" a su invitación, pero una baja capacidad (menos del 10 por ciento) probablemente esté sujeta a considerables interrupciones, dado que el trabajo del proyecto tiene una baja prioridad.

El éxito en el trabajo de un proyecto depende de que usted se asegure de que todos tienen una capacidad razonable, coherente con el tiempo necesario para lograr calidad y rendimiento.

Con frecuencia se suspende temporalmente el trabajo en el proyecto con el comentario: "¡Pueden recuperar el tiempo perdido más adelante!" Nunca se indica cómo se logrará esto, dado que el mayor nivel de tensión, una vez alcanzado, nunca parece reducirse a proporciones manejables. ¡Pueden ser serias las consecuencias para el trabajo y la salud!

Esto lleva a frustración, desmotivación, menor calidad, falta de atención a los detalles y frecuentemente mucha repetición de tareas para corregir errores o trabajo "desordenado". También lleva a retroceder o revisar lo ya hecho. Esto se debe a que el trabajo se fragmenta, con grandes intervalos entre una tarea y otra. Es necesario recordar lo que se hizo la última vez antes de comenzar con lo siguiente y entonces nuevas ideas llevan a cambios, repetición del trabajo y pérdida de tiempo valioso.

¿Qué puede hacer?

Verifique la capacidad de todos los que tienen responsabilidades asignadas en el proyecto. Si el patrón es del 10 por ciento o menos, pregúntese si realmente es suficiente para lo que usted necesita.

Trate de:

▶ persuadir a los integrantes del equipo y sus jefes de que una alta capacidad, particularmente en momentos punta del trabajo del proyecto, es más efectiva;

▶ asegurarse de que el equipo sea relevado de algunas funciones operativas para crear capacidad;

▶ lograr compromisos de los jefes directos en el sentido de que no se recurrirá a los integrantes del equipo para reaccionar frente a determinadas situaciones, subrayando la importancia y el contexto estratégico de su proyecto.

Preste particular atención a descubrir los otros compromisos laborales de los integrantes del equipo. En lugar de reconocer que no tiene tiempo, alguna gente hará cálculos demasiado optimistas y luego se enfrentará a una situación forzada. Recuerde que un cálculo es una opinión si no se respalda en datos reales.

> *Revise y valide las estimaciones a lo largo de todo el proyecto con la información más actualizada de que disponga.*

¡Cuidado con los ladrones de tiempo!

El tiempo es uno de nuestros activos más valiosos y su valor es reconocido por los demás. La consecuencia de las muchas maneras en que perdemos tiempo es una reducción en los resultados productivos. Estos ladrones de tiempo pueden reducir la semana efectiva a menos de cuatro días laborales. Entre los ladrones de tiempo más frecuentes se incluyen:

- asistir a reuniones de las que no queremos participar;
- responder a problemas y situaciones "urgentes";
- leer periódicos y otros medios;
- recibir correo electrónico que no le concierne directamente;
- buscar información;
- buscar datos perdidos;
- ser interrumpido por terceros;
- interrumpir a otros para charlar.

A veces, para evitarlos, puede hacerse poco más que alertar a su equipo de que en el futuro se debe mantener concentrado en el trabajo del proyecto y los plazos.

> *Lleve registro de todas las estimaciones de las actividades del proyecto y actualice los cambios que puedan darse. Verifique la duración efectiva de las tareas como referencia para el futuro.*

¿Cuánto tiempo llevará el proyecto?

Cuando esté satisfecho con los cálculos, escriba la duración de cada etapa clave. Ahora puede deducir el tiempo total del proyecto. El diagrama lógico le ofrece una cantidad de maneras alternativas de llegar desde el comienzo al fin igual que un mapa de ruta. Comience al inicio y rastree cada camino disponible hasta el final, agregando las duraciones al pasar por cada nota que aparezca en él.

Registre la duración total para cada camino y asegúrese de seguir todas las variantes hasta el final. La cifra más alta representa el camino más largo y éste es el *tiempo mínimo total del proyecto* con sus actuales estimaciones. Esto también se conoce como el *camino crítico* del proyecto. El camino crítico es siempre el camino *más largo* en cualquier momento y debe controlarse con precisión. Cualquier extensión del camino crítico extenderá el proyecto más allá del plazo original de finalización.

El camino crítico es corregible. Si bien se basa en el supuesto de que todas las duraciones son reales y nunca se modifican, cuando se realiza el trabajo, algunas etapas clave pueden llevar más tiempo y otras menos que lo estimado. La consecuencia es un cambio en el camino crítico. Es importante entender esta cualidad dinámica y controlarla cuidadosamente. Partes del proyecto que usted creyó que no lo eran pueden de pronto volverse críticas debido a los atrasos que se producen.

En cualquier momento puede lograr mejor comprensión de la situación a través del *análisis de camino crítico*. Si decide que este análisis riguroso no es necesario, entonces se puede presentar la información del tiempo en un cuadro de barras simple.

La presentación de los datos sobre plazos en la forma de cuadros

El método ampliamente aceptado para la presentación gráfica de datos de plazos para los proyectos es el *cuadro de barras* simple. A continuación, un ejemplo.

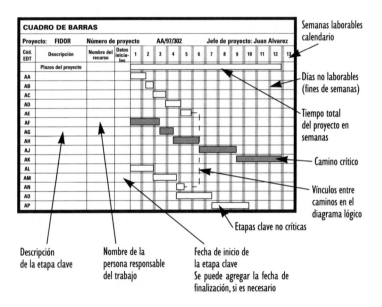

La duración de cada etapa clave o tarea es representada por una barra o una casilla rectangular, con la duración medida en relación con una línea de tiempo horizontal. Cada camino está marcado en el cuadro a partir de la fecha de comienzo de la primera etapa clave.

Los vínculos (puntos de contacto) entre los distintos caminos se pueden señalar con líneas de puntos o rayas y los vínculos de dependencia se pueden dibujar con flechas, si es necesario. Muchas veces se destaca el camino crítico con un color distinto. También puede agregar más datos en el cuadro si eso ayuda a todos los participantes, por ejemplo fechas de reuniones para control de los avances. Este tipo de cuadro se actualiza regularmente al avanzar el trabajo llenando la barra para mostrar el porcentaje de realización de todas las etapas clave actualmente activas. La escala depende del plazo total del proyecto y puede indicarse en horas, días, semanas laborales o incluso meses.

El análisis del diagrama lógico

El proceso de análisis se basa en dos propiedades esenciales del diagrama lógico:

- el camino más largo (es decir, la duración total mayor) es crítico y ninguna de las etapas clave en ese camino puede extenderse sin alargar el tiempo total del proyecto;
- todas las demás etapas clave que no están en el camino crítico tienen asociado algo de tiempo extra, que se conoce como la *flotación total*.

El objetivo del análisis es determinar el tiempo extra. Si una etapa clave tiene tiempo extra puede iniciarse en cualquier punto dentro de una variedad de fechas predefinidas sin extender el proyecto. El conocimiento de esta información es valioso para ayudarlo a tomar decisiones acerca del uso de ventanas de oportunidad para los recursos, equipo, acceso a sistemas, pruebas, etcétera.

El análisis consiste en sumar las duraciones entre el comienzo y el final para determinar los tiempos de iniciación y fin

más tempranos posibles. El plazo de finalización más temprano posible de la última etapa clave es el tiempo total del proyecto. Éste es el cálculo de *pase adelante.*

Entonces se repite el proceso a la inversa, empezando desde el final, restando las duraciones en cada etapa clave, para
determinar los plazos extremos de terminación e inicio.

Cuando llegue a la nota de inicio, una de las primeras etapas
clave indicará un inicio tardío de tiempo cero. Éste es el cálculo de *pase atrás.*

¡Si sus cálculos no llevan a un cero en una de las etapas clave iniciales, ha cometido un error aritmético! Se deben seguir
dos reglas esenciales.

1. En el pase adelante:

    cuando una o dos etapas clave se funden en otra, tome el
    ÚLTIMO de los *plazos de terminación más tempranos* como
    el *primer tiempo de iniciación* de la siguiente etapa clave.

2. En el pase atrás:

    en el mismo tipo de situación de fusión, tome el PRIMERO
    de los *plazos de iniciación más tardíos* como el *último tiempo de
    finalización* de la etapa clave precedente.

El cálculo del tiempo extra o flotación total para cada etapa
clave se hace entonces sobre la diferencia aritmética entre:

▶ el *plazo de iniciación más temprano* y el *plazo de iniciación
más tardío;*
▶ el *plazo de finalización más temprano* y el *plazo de finalización
más tardío.*

Los dos le darán el mismo resultado y la cifra obtenida es la
flotación total para la etapa clave.

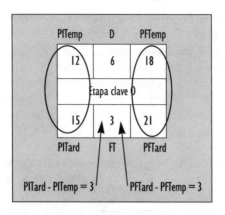

Por definición, las etapas y actividades clave tienen
CERO FLOTACIÓN TOTAL: nada de tiempo extra.

Finalmente puede ingresar los datos en un cuadro de barras o, como se lo conoce comúnmente, el *Cuadro Gantt* (por Henry Gantt). La diferencia en este cuadro es la presentación de la cantidad de flotación total en las etapas clave no críticas. Esto le da libertad para tomar decisiones en relación con iniciar más tarde algunas tareas sin afectar el tiempo total del proyecto. Esto se puede deber a la disponibilidad de recursos u otras ventanas fijas tales como la disponibilidad de equipo.

Las barras que representan las etapas clave siempre se dibujan comenzando a partir del plazo de iniciación más temprano. Esto le permite, más adelante, tomar decisiones en relación con la flotación. Indique a todos los participantes que no deben tomar decisiones arbitrarias para atrasar el comienzo de alguna tarea, porque hay tiempo de flotación disponible.

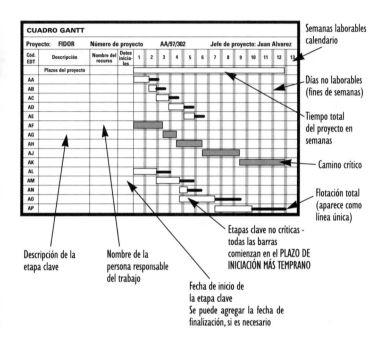

Semanas laborables
calendario

Días no laborables
(fines de semanas)

Tiempo total
del proyecto en
semanas

Camino crítico

Flotación total
(aparece como
línea única)

Etapas clave no críticas -
todas las barras
comienzan en el PLAZO DE
INICIACIÓN MÁS TEMPRANO

Descripción de la
etapa clave

Nombre de la
persona responsable
del trabajo

Fecha de inicio de
la etapa clave
Se puede agregar la fecha de
finalización, si es necesario

El tiempo de flotación total sólo debiera utilizarse con su consentimiento como jefe de proyecto. Puede necesitar este tiempo extra más adelante para resolver problemas.

Cuarto paso

ANÁLISIS DE RECURSOS Y COSTES

Ahora que tiene un cronograma que parece aceptable para el auspiciante tiene que proveerse de recursos para hacer el trabajo. Algunas de las estimaciones hechas por los encargados de sus etapas clave pueden basarse en la participación de una o más personas. Ahora tiene que aclarar esta situación con un análisis más detallado de la gente necesaria para hacer el trabajo. Los pasos a seguir se indican a continuación.

Confirme los detalles dentro de cada etapa clave

Antes de que pueda comenzar el análisis tiene que pedirle a los encargados de las etapas clave que confirmen que las han omitido para mostrar los detalles de las listas de tareas. Aliéntelos a utilizar la técnica de desglose de tareas para encontrar las dependencias y localizar el camino crítico. Aunque puedan no ser parte del camino crítico del proyecto, lo ayudará a encontrar los plazos más cortos para completar cualquier etapa clave. Ahora está completando la Estructura de Desglose del Trabajo para su proyecto.

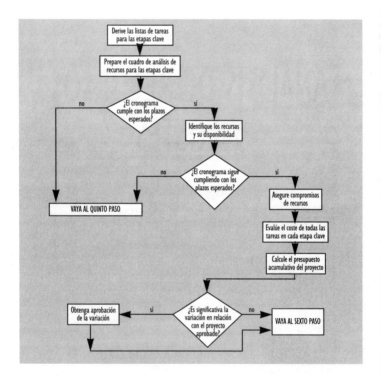

Cree una tabla de requerimientos de recursos

Confeccione una tabla de los recursos necesarios para las tareas dentro de cada etapa clave, basada en el tipo de capacidad requerida. Luego puede asignar tareas a individuos identificados por sus nombres, tal como se muestra más adelante. Esta tabla identificará qué recursos va a necesitar para cada etapa clave.

Revise las estimaciones y confirme que la cantidad de recursos de cada tipo son correctos. Agregue o quite recursos según su criterio. En esta fase está evaluando los requisitos ideales y no sabe si esta gente estará disponible para el trabajo en las fechas fijadas por el cronograma.

47

Un dilema de planificación: ¡una pesadilla!

Hasta ahora ha obtenido:

- ❯ un cronograma con fecha de terminación;
- ❯ un análisis de los recursos necesarios de acuerdo con el tipo de capacidad requerida.

No ha identificado a la gente que tendrá asignadas las tareas en el momento indicado. ¿El cronograma realmente es aceptable para su cliente? Debe tener algunas conversaciones preliminares con el auspiciante y el cliente para aclarar su posición actual.

¿Existe la posibilidad de que se enfrente a un cambio de idea? ¿Se ha modificado misteriosamente la *fecha esperada* (la fecha en que el cliente quería tener terminado el trabajo)? Si el cronograma ya no es aceptable, debe encontrar la manera de responder a las expectativas modificadas. No tiene mucho sentido tratar de obtener compromisos en relación con la asignación de recursos de parte de los jefes de sector hasta que haya revisado el cronograma.

¿CRONOGRAMA NO ACEPTABLE?

Antes de proceder con la identificación y la obtención de recursos debe optimizar el cronograma.

PASE AL QUINTO CONSEJO (pág. 55)

Identifique los recursos

Si el cronograma es aceptable, puede proceder a identificar a la gente que hará el trabajo. Decidir a quién quisiera que se asigne el proyecto es un trabajo de equipo. Dado que gran parte del trabajo se hará como agregado a las responsabilidades que ya tiene la gente, no puede hacer estas designaciones sin consultar a los respectivos jefes. Ahora se enfrenta otra vez al proceso de:

❯ identificar los recursos necesarios;
❯ consultar a cada persona acerca de su disponibilidad y capacidad actual y futura previstas;
❯ consultar al jefe directo en busca del compromiso de liberar al individuo para trabajar en el proyecto en los períodos indicados.

Es importante asegurarse de que los jefes de sector entiendan la importancia y el contexto estratégico de su proyecto. Los jefes están en condiciones de considerar que no pueden desprenderse de su gente, que ya está muy cargada de trabajo. Pueden tener una actitud negativa hacia el proyecto y no querer ayudarlo. Si es necesario, recurra a apoyo adicional de su auspiciante.

Sería una coincidencia sorprendente si le ofrecen todos los recursos que necesita y quedan a su disposición sin ninguna dificultad. En la práctica su cronograma se expandirá y comprimirá a medida que ubique a la gente indicada y asegure compromisos de los jefes de sector. Con un ojo en las estimaciones debe conseguir suficientes recursos como para mantener su cronograma. En algunos casos no encontrará recursos disponibles y debe considerar:

❯ contratar personal adicional;
❯ subcontratar parte del trabajo;
❯ pedirles a los miembros del equipo que encuentren mayor capacidad;
❯ prolongar los plazos para incluir períodos de disponibilidad y no disponibilidad.

Si el cronograma se extiende debe tratar de reducirlo nueva-
mente aplicando recursos adicionales, si los puede conseguir.
La alternativa es aplicar las técnicas que se analizan en el Quinto paso. Recuerde que el solo hecho de agregar recursos no
siempre reduce las duraciones proporcionalmente. Duplicar
los recursos no siempre reduce el plazo un cincuenta por
ciento. La comunicación y la coordinación insumen tiempo.
Es más ajustado suponer que se logra una reducción del 30
por ciento, a menos que pueda repartir el trabajo de modo razonable entre distintas personas.

Finalmente llegará a un punto en el que tenga la promesa
de los recursos para hacer el trabajo y el mejor cronograma
posible en las circunstancias dadas. Entonces pregunte:

¿Este cronograma sigue siendo aceptable para el cliente?

Si la respuesta es negativa, tiene dos opciones:

▶ persuadir al cliente de que el cronograma que ahora pro-
pone se basa en un análisis completo y es lo mejor que
puede lograr en la situación actual;
▶ alertar a su auspiciante del hecho y, trabajando junto con
él, buscar maneras de obtener recursos adicionales para
hacer el trabajo.

Aunque la segunda opción puede dar algunos resultados, es
más probable que necesite su capacidad de negociación para
llegar a una conclusión satisfactoria dialogando con su cliente. También debe revisar los riesgos del proyecto antes de finalizar el cronograma, dado que en sus conversaciones debe
incluir un examen de las áreas sujetas a alto riesgo (ver Sexto paso). Si la respuesta es positiva, actualice las tablas de
análisis de recursos registrando:

◗ el nombre de cada persona asignada a las distintas tareas;
◗ el nombre del jefe para cada tarea asignada;
◗ los plazos para iniciar y completar el trabajo.

Entregue estas tablas a los jefes como prueba de las promesas que le han hecho. Persuádalos a firmar los registros como señal de aceptación. No confíe en que se van a cumplir todos estos compromisos sin dificultades. El ambiente laboral cambia continuamente y debe tomar esto en consideración.

Revise regularmente los requerimientos y compromisos de recursos para mantener los plazos del cronograma.

Calcule los costes del proyecto

¿Tiene que trabajar con un presupuesto y controlar los costes? ¿Le han dado un presupuesto inicial?

Sólo una vez desarrollada completamente la Estructura de Desglose del Trabajo puede determinar los costes reales del trabajo planificado. Evalúe los costes de todas las tareas y súmelos para tener el coste de cada etapa clave. Estimados los costes de todas las etapas clave puede calcular un coste acumulativo simple para el proyecto medido en el tiempo. Esto se puede usar para control de costes y facilitar un pronóstico de flujo de caja, si es requerido.

Los costes definidos de este modo a menudo se consideran como el *presupuesto operativo* porque éste se basa en datos reales. Cualquier presupuesto anterior se llama *presupuesto aprobado* o *presupuesto primario,* basado en estimaciones iniciales. ¡A menudo es una mezcla de intuición y experiencia previa!

Una variación negativa significativa del presupuesto operativo (es decir, costes más altos) es una cuestión que debe resolverse con el auspiciante y el cliente AHORA.

¿Qué datos se deben incorporar al presupuesto operativo?

Los datos que deben ingresarse para determinar un presupuesto tienen una cantidad de elementos comunes. Los procedimientos y controles para presupuestos varían en distintas organizaciones, así que consulte a su departamento financiero.

Por lo general, los presupuestos consideran:

▶ costes de recursos, ya sea en total o por categoría;
▶ costes de funcionamiento de la "oficina" del proyecto;
▶ otros materiales utilizados;
▶ costes fijos: alquiler, tasas, aire acondicionado, iluminación, etcétera;
▶ equipos que se deprecian, es decir, ordenadores, impresoras, etcétera;
▶ costes de capital: hardware, equipo, etcétera;
▶ costes de subcontratación.

El centro de atención del sector financiero de su organización es la precisión del cálculo de costes y sus variaciones reales por debajo o por encima del presupuesto. En el equipo de proyecto, se le da menos importancia a este aspecto. ¡La gente de todos modos está empleada! Pero usted no puede demostrar el valor de un proyecto en términos de costes versus beneficios, a menos que se prepare y acuerde un plan financiero y se integre a esto un cálculo de costes independiente.

Un plan financiero

Esto les indicará a usted y a su equipo:

- ❯ los costes para cada etapa clave;
- ❯ quién es responsable de estos costes;
- ❯ atribuciones y límites de autoridad;
- ❯ el pronóstico de flujo de caja;
- ❯ el cronograma de los compromisos;
- ❯ los beneficios que debe rendir el proyecto.

Dado que para la gerencia son más visibles los costes que los avances cotidianos, es preferible mantener sus propios registros de costes incurridos y compromisos.

Esto es esencial donde el departamento financiero sólo registra costes basados en facturación y no en compras. El compromiso hecho hace meses o semanas no se ajusta en relación con el presupuesto, que entonces se ve llamativamente acertado. Cree algunas tablas simples o use una hoja de cálculo para registrar todos los costes incurridos en el momento que se concretan. Sabrá cuál es exactamente la situación de su presupuesto de proyecto.

La Estructura de Desglose del Trabajo debe mantenerse actualizada para reflejar los cambios que puedan darse en el plan. El desglose del trabajo es la base de todo pronóstico que se le pida para el flujo de caja o costes futuros para completar el proyecto.

Esté preparado para comparar regularmente los costes efectivos del proyecto con sus propios registros. Resuelva cualquier variación y aclare el estado real del presupuesto.

¿Son necesarios los fondos contingentes?

Se supone que los fondos contingentes son necesarios para cubrir imponderables: gastos olvidados o gastos específicos mal calculados. ¡No se trata de un tarro lleno de oro de donde sacar lo que se le ocurra cuando se dan excesos de gastos! Para ser precisos, los fondos contingentes se consideran como un requerimiento para áreas del proyecto con mayor riesgo. De modo que el monto disponible varía según el momento del proyecto y no es un porcentaje fijo del coste total para cada etapa. Usando este principio, puede estimar la mayor necesidad de fondos contingentes después de revisar los riesgos del proyecto en el Sexto paso. Entonces puede finalizar el proyecto operativo y pedir su aprobación.

Quinto paso

OPTIMICE SU RESPUESTA A LAS NECESIDADES DEL CLIENTE

Ahora que ha analizado su cronograma inicial en función de los requerimientos de recursos, debe controlar los resultados para asegurarse de que pueda responder a las expectativas del cliente. Éste es otro proceso reiterativo que empieza por hacer algunas preguntas fundamentales.

1. ¿Sigue siendo válida la definición inicial? ¿Cambió algo?
2. ¿El plan refleja todos los cambios?
3. ¿Ha tomado en cuenta riesgos identificados anteriormente?
4. ¿El plazo de finalización del plan responde a las necesidades del cliente?
5. ¿Se ha elaborado el análisis de recursos y costes del plan?

Los pasos de optimización se desarrollan a continuación.

Cambios en la definición

Si se ha modificado la definición inicial durante el proceso de planificación, entonces debe actualizar los documentos de definición y someterlos para su aprobación y aceptación junto con el plan. Quizá los cambios se deban a:

- ▶ que el cliente cambió de idea;
- ▶ que el auspiciante cambió de idea;
- ▶ dificultades expuestas durante la planificación;
- ▶ cambios en la situación laboral.

No puede comenzar a trabajar hasta que todos los cambios sean ratificados y aceptados por los interesados y se incorporen plenamente al plan y al cronograma.

¿Qué pasa con los riesgos?

Los riesgos identificados durante la fase de definición del proyecto pueden haber resaltado la necesidad de incluir ciertas acciones específicas en el plan. La intención es reducir la probabilidad de que se concrete un riesgo y limitar el impacto si es posible. Usted sabe en qué puntos del plan aparecerán estos riesgos, así que verifique que se hayan incorporado todos los planes de acción acordados.

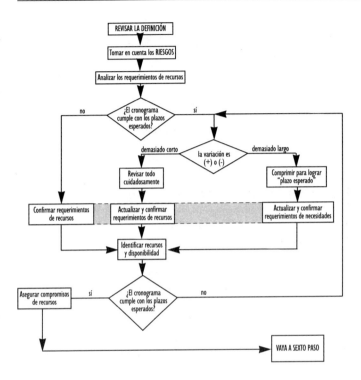

El plazo de finalización

Si su cliente le ha dado un *plazo esperado* de terminación, ¿su cronograma inicial responde a este requisito? ¡Si todas sus estimaciones se consideran realistas, entonces el resultado es su mejor oferta! Es raro que se lo acepte sin alguna mejora.

> *Aunque no siempre es un documento legal, el plan es una forma de contrato y, una vez aceptado, hay que hacer todo lo necesario para que se cumpla.*

¡Cronograma demasiado corto!

Sí, si tiene mucha, mucha suerte. No se entusiasme demasiado porque algo puede estar mal. Sea cauto y revise todo.

) ¿Están definidos claramente todos los productos que deben entregarse al completar el plan?
) ¿No se ha omitido ninguna etapa clave?
) ¿No se han omitido tareas?
) ¿Se han tomado en cuenta todos los requisitos de calidad?
) ¿Los cálculos para las etapas clave no son demasiado optimistas?
) ¿Se han tomado en cuenta los festivos y días no laborables?
) ¿Se han tomado en cuenta todos los altos riesgos conocidos?
) ¿Se han tomado en cuenta la complejidad técnica?
) ¿Qué precisión tiene el análisis de recursos?
) ¿Están disponibles ahora todas las capacidades requeridas?

Si la revisión no saca a luz ningún error, entonces realmente puede celebrar. Antes de decírselo a su cliente tiene que garantizar todos los compromisos de recursos con los jefes de sector. Se puede complicar todo fácilmente si descubre una importante carencia de personal. Considere agregar un "colchón" de tiempo extra por seguridad. Quizás un 5 por ciento, para darse espacio de maniobra en las negociaciones.

¡Cronograma demasiado largo!

¿Esto sucede muy a menudo? Puede ser que el cliente y el auspiciante no hayan comprendido la cantidad de trabajo detallado necesario. Si los puede convencer de que ha considerado todos los factores enumerados en la sección anterior, puede lograr que le acepten el cronograma tal como está.

Debe equilibrar la duración del proyecto con la necesidad que lo motiva, para buscar un plazo que:

> ❱ satisfaga o, mejor aún, le encante al cliente;
> ❱ asegure alcanzar un alto nivel de calidad;
> ❱ pueda cumplirse con los recursos disponibles;
> ❱ responda a las necesidades de la organización al generar beneficios en el momento deseado.

Es más fácil decir que hay que cumplir estos cuatro criterios que lograrlos efectivamente. Usted se enfrenta a la necesidad de satisfacer tres características esenciales del plan:

> ❱ el plazo para completarlo: el cronograma;
> ❱ los recursos disponibles: lo que impacta en el coste;
> ❱ el desempeño: el alcance y la calidad del proyecto.

Optimizar implica comprimir el cronograma para encontrar un tiempo total coherente con los recursos que pueden asignarse a la elaboración del proyecto. Al comprimirse un cronograma algo tiene que ceder; será necesario obtener:

> ❱ más capacidad de recursos: dedicar más tiempo o trabajar en el proyecto;
> ❱ recursos adicionales: buscar recursos externos.

Usted tratará de usar una u otra opción según sea posible.

> *NO intente comprimir un cronograma sólo reduciendo la duración de las actividades, ya sea individual o globalmente. ¡Nadie acepta tales soluciones!*

Cuando falla todo lo demás, examine cuidadosamente las estimaciones con los responsables de las etapas clave para ver si se pueden hacer mayores reducciones. Normalmente, el castigo por la compresión de un cronograma es que se elevan la cantidad y la seriedad de los riesgos. Los intentos iniciales de reducción deben basarse en buscar maneras de hacer más trabajo en paralelo, más actividades concurrentes. El cronograma es como un globo. Si tiene un globo y lo comprime sobre su eje horizontal, aumenta el diámetro en el eje vertical, ya que el aire tiene que ir a alguna parte. Esto es análogo a incrementar la cantidad de caminos paralelos en el diagrama lógico del plan. Si tiene más vías, debe aumentar el riesgo, dado que un atraso en cualquier punto puede afectar todo el cronograma.

El camino crítico es dinámico, así que cualquier cambio que se le imprima probablemente desencadenará cambios en otros puntos del diagrama lógico. ¡Si comprime demasiado, un globo estalla! Lo mismo sucederá con su cronograma si lo comprime hasta el punto de que los requerimientos de recursos se vuelvan imposibles y los riesgos crezcan más allá de un control razonable.

Cuando haya comprimido hasta el punto de que pueda cumplir el plazo esperado, busque otras oportunidades de concurrencia. Tome en cuenta cuidadosamente los riesgos adicionales derivados de la mayor concurrencia, duraciones reducidas y cambios en los requerimientos de recursos. Esta información será valiosa para la discusión con su auspiciante y cliente, cuando traten de presionarlo para que reduzca el cronograma aún más. La compresión puede destacar aspectos de alcance y calidad que usted cuestiona. Informe a su cliente que la consecuencia de demasiada compresión puede ser una reducción de calidad o una limitación al alcance del proyecto. Esto es tema para la negociación final con su cliente.

El uso del análisis de camino crítico

Si ha analizado su diagrama lógico, puede usar algunos trucos adicionales para ayudar a optimizar el proceso.

1. Revisar las relaciones. Si todas son de *fin a comienzo* (es decir, una actividad debe terminar antes de que comience la siguiente) verifique si otras ayudarían a reducir el tiempo:

   ▶ *comienzo a comienzo* (dos actividades deben comenzar juntas);
   ▶ *fin a fin* (dos actividades deben terminarse a la vez).

2. Divida una actividad en dos y tome el inicio forzado de otra actividad a partir de la primera mitad de la división, lo que se conoce como un *adelanto*.

3. Utilice algo del tiempo de flotación disponible donde se dan conflictos obvios de recursos.

Es preferible no usar tiempo de flotación en esta etapa a menos que sea esencial, ya que este tiempo extra es más útil durante la ejecución del trabajo. El tiempo de flotación le da más libertad para:

▶ modificar planes;
▶ preparar errores de estimación;
▶ tener tiempo para resolver problemas imprevistos.

Los pasos para lograr un cronograma óptimo consumen tiempo, pero ayudan a usted y a su equipo a tener más confianza. Finalmente logrará un cronograma realista y aceptable para su cliente, sujeto a la obtención de recursos de los jefes de sector. El tiempo que gaste ahora en su optimización es una valiosa inversión para ahorrar tiempo más adelante.

La solución óptima es la que no aumenta los riesgos a un nivel inaceptable, pero da un cronograma al que puede incorporar recursos y negociar tal como ha acordado con su cliente.

Identificar y asegurar recursos

Si ha optimizado el cronograma después de completar el análisis de recursos, ahora debe identificar a la gente disponible para realizar el trabajo. La asignación de las tareas en cada etapa clave debe acordarse con los jefes de sector para cada persona involucrada, tal como se señaló en el Cuarto paso (Identificar los recursos). Identificados todos los recursos, debe usar su influencia para obtener compromisos de los jefes de sector. Esto no siempre es fácil y a veces puede necesitar apoyo adicional del auspiciante del proyecto.

Cuando tiene asegurados los compromisos, puede completar los datos faltantes en los cuadros de análisis de recursos para cada etapa clave.

Hacerlo todo de nuevo

Ahora puede enfrentarse a la escena final de la pesadilla del planificador. Usted ha optimizado el cronograma, pero encuentra que la escasez de recursos vuelve a extender los plazos. No se sorprenda. Usted debe esperar que suceda esto. Entonces debe volver a su proceso de optimización y buscar otras maneras de adaptar el cronograma al plazo deseado. Esto puede demandar varias revisiones antes de que se obtenga un resultado satisfactorio que conforme tanto al cliente como a los jefes de sector.

Cuando finalmente tenga un cronograma al que haya incorporado todos los recursos,

▶ actualice el Cuadro Gantt para mostrar su plan definitivo;
▶ controle el análisis de costes y actualícelo si es necesario para reflejar los cambios producto de la optimización;
▶ dé copia de los cuadros de análisis de recursos a los jefes de sector relevantes para que tengan presentes sus compromisos.

Felicidades. Ahora tiene un cronograma optimizado al que se han incorporado todos los recursos y que responde, por el momento, a las expectativas del cliente.

Sexto paso

VALIDACIÓN Y APROBACIÓN DEL PLAN

Ahora que tiene un plan aceptable, es tentador ponerse a trabajar. ¡Resista la tentación! Hay aún algunas cosas que tiene que realizar en el proceso de planificación antes de lanzarse al trabajo en el proyecto. Los subpasos en cuestión se indican a continuación.

Revisar los riesgos

¿Han aparecido nuevos riesgos como resultado de la planificación? Mire la lista de riesgos que registró antes de empezar a planificar y pregunte:

- ¿Ha cambiado alguno de los riesgos, haciéndose más o menos serio?
- ¿Se han incorporado al plan acciones acordadas para prevenir que ocurran serios riesgos?

◗ ¿Han aparecido nuevos riesgos durante los procesos de planificación y optimización?

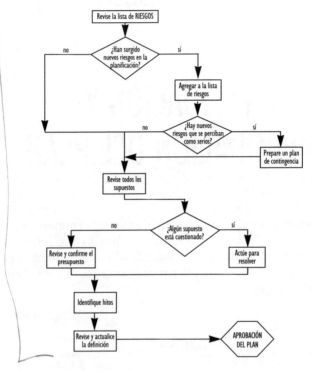

Las respuestas le darán trabajo. Se deben examinar los riesgos ya reconocidos o nuevos que constituyen un peligro serio para el proyecto; se prepararán:

◗ planes contingentes para el caso de que se concreten;
◗ indicadores o señales de que estos riesgos están por concretarse;
◗ planes de acción preventivos donde sea posible.

Si ahora piensa que determinado riesgo es improbable que ocurra, NO lo quite de su lista. Manténgalo allí, ya que puede aparecer más tarde cuando menos lo espera. Esto asegura que todos los que participan en el proyecto estarán atentos a la posibilidad de que el riesgo se dé. También es útil para la evaluación del desempeño cuando el proyecto se haya completado y cuando se pregunte qué riesgos se concretaron y por qué.

Revise las suposiciones

Es poco común disponer de toda la información que quisiera durante la planificación. En lugar de perder el tiempo persiguiendo la información, a veces se ahorra tiempo mediante suposiciones, y se toma debida nota de que habrán de verificarse.

Ahora es el momento de hacer ese control cuidadosamente. Examine la lista de suposiciones registradas. Con su equipo pregúntese:

- ¿Todas nuestras suposiciones son válidas?
- ¿Cuántas son correctas?
- ¿Cuáles no han sido verificadas?
- ¿Podemos verificar el resto ahora?
- ¿Alguna se ha convertido en una *duda* o problema que debe resolverse antes de lanzar el trabajo?
- ¿Podemos fijar plazos para la eliminación de problemas importantes?
- ¿Quién va a resolver estas cuestiones?

Identifique claramente los plazos en que deben resolverse para evitar un impacto serio sobre el cronograma.

Resolver dudas

Si es apropiado en esta fase alerte al auspiciante y al cliente de la existencia de importantes cuestiones pendientes. Hacer esto ahora asegura que el auspiciante y el cliente entiendan que en el futuro las cuestiones serias (es decir, que caen fuera de su autoridad para actuar) serán elevadas a ellos para que adopten una decisión.

> *Una duda sin resolver es un riesgo que se concreta independientemente de que sea identificado como tal.*

> *Se DEBEN resolver rápidamente para evitar atrasos en el cronograma.*

Si las cuestiones pendientes se acumulan, debe ofrecer una propuesta de acción. Si el auspiciante no acepta sus sugerencias, destaque las consecuencias de no hacer nada; es decir, el efecto sobre los costes y recursos del proyecto, sobre los plazos y la calidad.
Si se dejan sin resolver, finalmente tendrán algún impacto sobre el cronograma.

Todos los cronogramas tienen un nivel variable de riesgos y es esencial que usted comprenda de las consecuencias potenciales. El tiempo que se tarda en reaccionar a menudo es crítico para mantener los plazos del cronograma.

Es necesario que usted y su equipo se centren continuamente en identificar y anticipar todos los riesgos y resolverlos rápidamente antes de que se se conviertan en cuestiones pendientes.

Su éxito futuro depende de este proceso de control.

Todos los riesgos son predecibles, excepto los "actos de Dios".

Desgraciadamente, nuestra bola de cristal a menudo está nublada, lo que nos impide ver todos los riesgos potenciales en cualquier momento. Cada tanto, recuerde al equipo que debe anticipar los riesgos, preguntando:

¿Qué puede salir mal en la siguiente etapa?

Esto puede impedir que se produzcan sorpresas en sus reuniones de proyecto.

Revise y confirme el presupuesto

Aunque ha actualizado sus datos de costes para reflejar los cambios de cronograma que resultan del proceso de optimización, ahora debe actualizar la documentación presupuestaria preparada con anterioridad. Verifique haber recogido todos los datos de costes para el plan final y que esta información esté vigente. Ingrese estos datos al plan de etapas clave y determine el presupuesto acumulativo para el proyecto. Si se va a incluir una contingencia, preséntela por separado. Esto le dará el *Presupuesto al Completar*, conocido como PAC, su centro de atención en materia de costes para el trabajo en el proyecto.

Si hay alguna variación adversa significativa entre el PAC ahora definido y el presupuesto original, esta se convierte en una cuestión a resolver. Refiera la cuestión a su auspiciante para que tome una decisión. Claramente cualquier reducción del presupuesto que ha sido derivada del plan puede tener un impacto serio sobre la calidad o el alcance. Tales cambios probablemente afecten también los requisitos y se hará necesario dialogar con el cliente.

Fije los hitos del proyecto

La acción final para completar la planificación antes de buscar la aprobación es fijar los puntos cruciales del plan. El hito era una piedra que indicaba datos importantes, como los kilómetros recorridos y la distancia entre dos puntos significativos. De modo similar, en el proyecto él es una marca significativa en su mapa, el diagrama de la lógica del proyecto.

El hito es un punto significativo en el plan del proyecto. Es por tanto un punto de control y tiene duración cero.

Como los hitos se utilizan para medir los avances, tienen que estar ubicados a intervalos de tiempo apropiados, *no* separados por muchas semanas. A menudo el hito está ubicado dentro de una etapa clave. Cada uno debe identificar algo significativo:

- que se completa una entrega intermedia;
- que se completa una entrega del proyecto;
- que se generan beneficios;
- entrega de hardware o equipo;
- cualquier tipo de aporte de terceros;
- un punto específico de revisión o auditoría.

Se los usa para informar de avances como medida del éxito. Todos deben satisfacer la prueba de cinco pasos utilizada para las entregas (ver Primer paso).

Registre todos los hitos en un cuadro simple o cronograma para visualizar el plazo planificado, el plazo pronosticado y el plazo cumplido. Esto será útil para controlar el proyecto más adelante y le dará valiosos datos de evaluación.

Ahora está listo para buscar la aprobación del plan por su auspiciante y su cliente.

La aprobación del plan

Reúna toda la información del plan y revise lo que ha hecho. Si está satisfecho y cree que es suficientemente explícito y detallado como para empezar a trabajar, puede someterlo a la aprobación del auspiciante.

No comience a trabajar en el proyecto hasta que el cliente haya aprobado el plan.

Séptimo paso

EL LANZAMIENTO DEL PROYECTO

Una vez que el plan ha sido aprobado es útil hacer una reunión de lanzamiento de la que participen todos los involucrados. A menudo decae la energía después de la intensa actividad de la planificación y usted debe sostener el entusiasmo y centrarse en algunas acciones clave antes de comenzar el trabajo.

La preparación del lanzamiento

Es fácil alentar a todos a empezar a trabajar antes de definir claramente las reglas. El éxito del proyecto depende de la buena comunicación:

- con el auspiciante y el cliente;
- con otros interesados;
- dentro del equipo del proyecto;
- con otros equipos que trabajen en proyectos relacionados.

La comunicación se da formalmente a través de documentos escritos, e informalmente a través del contacto personal regular. Los dos son esenciales para estar al tanto de los avances, los problemas que surgen y los riesgos anticipados por el equipo.

El proceso formal

Decida el estilo y el tamaño de las comunicaciones. Diseñe un esquema universal de una página para registrar:

▶ hitos alcanzados y pendientes;
▶ cuestiones destacadas;
▶ acciones emprendidas para corregir atrasos;
▶ pronósticos de desempeño futuro.

Estos documentos se usan durante todo el proyecto para cada etapa clave. Pídales a los encargados de las mismas que los realicen a intervalos apropiados, semanalmente o quincenalmente. En períodos de alto riesgo, es preferible que sean semanales y que accedan pocas personas a ellos.

Hable con su auspiciante acerca de cómo se manejarán las cuestiones que surjan en esta fase. La acción rápida es esencial para mantener el proyecto en movimiento y evitar desmotivar al equipo. Todos tienen que saber qué procedimiento utilizará.

El proceso informal

Aliente a todos a decirle rápidamente:

❱ qué sucede;
❱ qué no sucede que debiera suceder;
❱ si se encuentran con trabas y dificultades.

Use una política de puertas abiertas y siempre esté dispuesto para dar apoyo y guía. Hable regularmente de a uno con el auspiciante y cada miembro del equipo para comentar su trabajo, desempeño y aspiraciones. Incentive el *feedback* y evite sorpresas en las reuniones de proyecto.

¿Qué reuniones necesita?

Elabore por anticipado un cronograma de reuniones y plazos. Considere que le harán falta:

❱ reuniones individuales con el auspiciante y los miembros del equipo;
❱ reuniones con el equipo (semanales/quincenales);
❱ reuniones con otros interesados (mensuales);
❱ reuniones para resolver problemas (de acuerdo con las necesidades).

Si no hay nada que discutir, cancele la reunión. Las reuniones regulares deben ser breves (menos de una hora), para conocer los avances. Confeccione una agenda de cumplimiento de plazos donde registre:

❱ lo que no se ha hecho que se debió hacer;
❱ lo que puede hacerse ahora para corregir los atrasos;
❱ cuestiones importantes y planes de acción para resolverlas;
❱ lo que el equipo anticipa que puede salir mal;

- una revisión de las estimaciones de trabajos para el siguiente período;
- una revisión de la disponibilidad de recursos para el siguiente período;
- correcciones al plan basadas en los resultados alcanzados hasta el momento.

Evite involucrarse en polémicas y discusiones dejando algunos asuntos para otra reunión de la que sólo participe la gente afectada.

Las reuniones de proyecto son necesarias, pero recuerde que no se avanza en el trabajo mientras se realizan.

La reunión de lanzamiento

Convoque a todos los que tienen un interés directo en el proyecto: el auspiciante, el cliente, el equipo y otros interesados para celebrar el lanzamiento. Use la reunión para que el auspiciante refuerce la importancia y ubique estratégicamente el proyecto:

- explique su plan y particularmente las áreas de alto riesgo;
- explique los procesos de comunicación que quiere usar;
- explique cómo va a controlar y seguir los avances;
- dé a conocer el cronograma de reuniones y pida acuerdo;
- asegúrese de que todos entienden su papel en el proyecto.

Esta reunión refuerza su autoridad, centra a todos en la calidad y evita un inicio lento. Subraye la importancia del manejo personal del tiempo de modo que se dedique un período importante al trabajo del proyecto.

Ahora, finalmente, puede decir "Hagámoslo" sabiendo que tiene un plan realista y detallado para trabajar, que es aceptado por el equipo y que será revisado continuamente para asegurar el éxito.

Otros títulos de esta colección:

De próxima aparición:

Colección Acción para el Management